SANTA MARIA PUBLIC LIBRARY   06/08

j628.92
Barraclough,
Seguridad y los incendios
/
c200

Discarded by
Santa Maria Library

09 10
/   /

¡Seguridad!

Seguridad y los incendios

Sue Barraclough

Heinemann Library
Chicago, Illinois

© 2008 Heinemann Library
a division of Reed Elsevier Inc.
Chicago, Illinois

Customer Service 888-454-2279
Visit our website at www.heinemannraintree.com

All rights reserved. No part of this publication may be reproduced or transmitted in any form or by any means, electronic or mechanical, including photocopying, recording, taping, or any information storage and retrieval system, without permission in writing from the publisher.

Illustrated by Paula Knight
Designed by Joanna Hinton-Malivoire
Picture research by Erica Martin
Translation into Spanish produced by DoubleO Publishing Services
Printed and bound in China by South China Printing Co. Ltd.
12 11 10 09 08
10 9 8 7 6 5 4 3 2 1

ISBN-13-digit: 978-1-4329-0334-3 (hb) 978-1-4329-0341-1 (pb)
ISBN-10-digit: 1-4329-0334-9 (hb) 1-4329-0341-1 (pb)

The Library of Congress has cataloged the first edition of this book as follows:
Barraclough, Sue.
  [Fire safety Spanish]
  Seguridad y los incendios / Sue Barraclough.
     p. cm. -- (Seguridad!)
  ISBN-13: 978-1-4329-0334-3 (hb)
  ISBN-13: 978-1-4329-0341-1 (pb)
 1. Fire prevention--Juvenile literature. 2. Fires--Safety measures--Juvenile literature. I. Title.
  TH9148.B3618 2008
  628.9'22--dc22
                         2007040232

Every effort has been made to contact copyright holders of any material reproduced in this book. Any omissions will be rectified in subsequent printings if notice is given to the publishers.

Contenido

Usamos el fuego para muchas cosas.
También podemos lastimarnos con
el fuego.

¿Sabes cómo mantenerte seguro cerca
del fuego?

Nunca juegues con fósforos
ni encendedores.

Nunca uses la estufa cuando estés solo.

Nunca pongas algo encima de una lámparc

Mantente siempre lejos de la chimenea.

Nunca te dejes llevar por el pánico
si hay un incendio.

Debes tener siempre un plan.

Nunca te detengas a recoger juguetes.

Nunca abras una puerta si sientes que está caliente.

Siempre ve a gatas debajo del humo.

Mantente siempre tranquilo.

Nunca corras si tu ropa prende fuego.

Siempre detente, déjate caer y rueda.

Nunca regreses adentro hasta que el fuego se haya apagado.

Aguarda siempre a que un bombero te
diga que no hay peligro.

Recuerda siempre estas reglas
de seguridad.

Mantente siempre seguro cerca
del fuego.

Reglas de seguridad contra incendios

- Mantente lejos de fósforos y encendedores.
- Mantente lejos de fuegos y calentadores.
- Asegúrate de tener un plan si hay un incendio.
- Sal al exterior rápidamente y con calma.
- Llama al 911 después de abandonar el edificio.
- Mantente cerca del suelo para alejarte del humo.
- Detente, déjate caer y rueda para apagar las llamas.
- Espera hasta que los bomberos digan que se puede entrar sin peligro.

Glosario ilustrado

 **bombero** persona que apaga el fuego

 **llama** parte brillante del fuego que puede verse

 **plan** idea de cómo hacer algo

 **humo** nube emitida por algo que se está quemando

Índice

Nota a padres y maestros

Los libros de esta serie dan a los niños consejos prácticos sobre seguridad para situaciones que puedan enfrentar habitualmente. Comente con los niños los peligros del fuego. ¿Por qué es peligroso jugar con fósforos y encendedores? ¿Por qué la gente tiene alarmas para el humo? Comente con ellos acerca del ejercicio contra incendios de la escuela. Pida a los niños que analicen las ilustraciones en el libro y piensen si lo que se muestra corresponde a un comportamiento seguro o peligroso.

El texto ha sido seleccionado con el consejo de un experto en lecto-escritura para asegurar que los principiantes puedan leer de forma independiente o con apoyo moderado.

Usted puede apoyar las destrezas de lectura de no ficción de los niños ayudándolos a usar el contenido, el glosario ilustrado y el índice.